Georg Jellinek

Das Recht der Minoritäten

Vortag gehalten in der Juristischen Gesellschaft zu Wien

Georg Jellinek

Das Recht der Minoritäten

Vortag gehalten in der Juristischen Gesellschaft zu Wien

ISBN/EAN: 9783743492837

Hergestellt in Europa, USA, Kanada, Australien, Japan

Cover: Foto ©Suzi / pixelio.de

Weitere Bücher finden Sie auf **www.hansebooks.com**

DAS RECHT DER MINORITÄTEN.

VORTRAG

GEHALTEN IN DER JURISTISCHEN GESELLSCHAFT ZU WIEN.

Von

DR. GEORG JELLINEK,
O. Ö. PROFESSOR DER RECHTE AN DER UNIVERSITÄT HEIDELBERG.

WIEN 1898.
ALFRED HÖLDER.
K. U. K. HOF- UND UNIVERSITÄTS-BUCHHANDLER,
I., ROTHENTHURMSTRASSE 15.

Vorbemerkung.

Von vielen Seiten dazu aufgefordert, übergebe ich den nachfolgenden Vortrag dem Drucke, allerdings nicht ganz in der Form, die ihm in der Rede zu eigen war. Einiges musste näher ausgeführt und die Literatur zum Beweise mancher Thatsachen und Behauptungen herangezogen werden. Doch ist immerhin das Ganze noch als Vortrag gedacht. Eine Abhandlung über die zahlreichen an dieser Stelle zu berührenden Fragen zu schreiben, habe ich nicht beabsichtigt: eine solche könnte leicht den Charakter eines umfangreichen Werkes annehmen, da eine gründliche Erörterung unseres Themas bisher nirgends unternommen wurde.

Heidelberg, den 19. April 1898.

Der Verfasser.

I.

Das Recht der Minoritäten, namentlich wenn man den Begriff „Recht" nicht in streng juristischem Sinne, sondern in weiterer politischer Bedeutung nimmt, ist ein Thema von so grosser Ausdehnung, dass sofort der Stoff, den ich zu erörtern gedenke, eng umgrenzt werden muss. Ihn allseitig zu erschöpfen ist schon desbalb unmöglich, weil heute das gesammte hier zu behandelnde geschichtliche Material auch nicht im entferntesten gesammelt vorliegt. Dass Mehrheit den Ausschlag gebe dort, wo es gilt Beschlüsse zu fassen, sei es bei Wahlen, sei es in der Gesetzgebung oder in verwaltenden und richtenden Collegien, erscheint uns heute so selbstverständlich, dass wir auf eine nähere Begründung verzichten zu müssen glauben. Und dennoch ist der Satz, dass Mehrheit entscheide, nichts weniger als selbstverständlich. Im Gegentheile, er hat wie alle Rechtssätze seine Geschichte, und zwar eine sehr verwickelte Geschichte. Ueber seinen Ursprung lassen sich nur Vermuthungen aufstellen, die meist dahin gehen, dass er an Stelle ungeregelten Kampfes trat[1]), oder dass in dem Mehrheitsentscheid ein Gottesurtheil erblickt wurde. Die Demokratien des Alterthums haben ihn gekannt und in verschiedenartiger Weise durchgebildet,

---

[1]) Vgl. die interessanten Bemerkungen von Bernatzik, Das System der Proportionalwahl, in Schmoller's Jahrbuch für Gesetzgebung, Verwaltung und Volkswirthschaft, XVII, S. 417, N. 1.

dabei häufig die Rechte von Minoritäten anerkennend. Die mittelalterliche Welt aber hat ihn nur langsam und mit Vorbehalten angenommen. Dass zwei von vornherein mehr werth sein sollten als einer, widersprach dem kraftvollen Individualitätsgefühl, das namentlich die germanischen Völker auszeichnete. Wenn ein kühner Mann im offenen Kampfe fünf überwinden konnte, warum sollte er sich im Rathe der Mehrheit beugen? Daher finden wir für mittelalterliche Ständeversammlungen oft den Satz, die *pars sanior* solle entscheiden, nicht die *pars maior*[2]), oder die Stimmen sollen gewogen, nicht gezählt werden. Es gab ständische Körperschaften, in denen bis in die neuere Zeit eine geregelte Stimmzählung überhaupt nicht stattfand, so namentlich der ungarische Reichstag.[3]) Im öffentlichen Leben der Germanen wurden ursprünglich Beschlüsse — vor allem Wahlen — einstimmig, meistens durch Acclamation vorgenommen, die wohl hie und da eine kleine dissentirende Minorität übertönte.[4]) Noch heute sind Reste dieser alten Rechtsanschauung deutlich in jenem Rechte zu erkennen, das die geschichtliche Continuität am reinsten bewahrt hat, im englischen. Noch heute gilt im englischen Gerichtsverfahren der Satz, dass das Verdict der Geschworenen, ob es verurtheile oder freispreche, einstimmig gefasst sein müsse, und bis vor kurzem wurde die Jury im Lande der Freiheit so lange eingesperrt, bis sie zu einer Einigung gekommen war. Selbst bei Parlamentswahlen kommt unter Umständen heute noch der altgermanische Gedanke der Einhelligkeit der Wahl zum Ausdruck. Ursprünglich ernannte nämlich die Grafschaftsversammlung die Abgeordneten zum Hause der Gemeinen. Eine die Zahl der zu wählenden Abgeordneten über-

---

[2]) Ausgebildet durch die canonistische Corporationslehre. Vgl. die eingehende Darstellung von Gierke, Genossenschaftsrecht, III., S. 324 ff.

[3]) v. Viroszil, Das Staatsrecht des Königreiches Ungarn, III, S. 50 ff.

[4]) Auch später, als das Mehrheitsprincip zur Geltung kam, wurde noch immer an dem Erfordernisse der Einstimmigkeit insofern festgehalten, als der Minderheit die Pflicht auferlegt wurde, dem Mehrheitsschlusse zuzustimmen.

steigende Mehrheit von Candidaten kam da lange Zeit überhaupt nicht vor. Vielmehr wurden die künftigen Abgeordneten von zwei Mitgliedern der Versammlung vorgeschlagen. Erhob sich kein Widerspruch, so galten sie als einstimmig gewählt. So ist es aber noch bis auf den heutigen Tag, trotzdem sich eine gründliche Aenderung im Wahlverfahren vollzogen hat. Ein Wähler proponirt, ein zweiter secundirt, acht Wähler stimmen der Nomination zu, die nicht mehr wie früher mündlich, sondern schriftlich erfolgt. Tritt kein Gegencandidat auf, so gelten die Vorgeschlagenen, *nemine contradicente*, als einstimmig gewählt. Sind aber mehrere Candidaten vorhanden, dann erst findet eine „bestrittene Wahl" mit Stimmenabgabe statt.⁵) Das reine Majoritätsprincip ist also noch in der Gegenwart bei den englischen Parlamentswahlen nicht anerkannt.

Auf welchem Wege das Majoritätsprincip sich allmälig Bahn gebrochen hat, das ist im einzelnen noch gar nicht festgestellt. Wahrscheinlich war es zuerst die Kirche, die es unter dem Einflusse romanistischer Vorstellungen einführte⁶) und deren Beispiel vom Staate nachgeahmt wurde. Während nämlich die Kirche anfänglich den Papst durch die benachbarten Bischöfe und den Clerus von Rom unter Acclamation des Volkes wählen liess⁷), hat sie, den Principien der römischen Corporationstheorie folgend, später einer Zweidrittelmajorität der Cardinäle das Recht, den Stuhl Petri zu besetzen, eingeräumt, hingegen für die Bischofswahlen seit 1215 nur einfache Majorität der Domcapitel gefordert.⁸) Nach diesem Beispiele, wie erst jüngst nachgewiesen

---

⁵) Anson, *Law and Custom of the Constitution*, I, S. 121 f.

⁶) Auf dem Wege der Fiction, dass der Mehrheitswille identisch mit dem Gesammtwillen sei. Vgl. Gierke, a. a. O. S. 153, 219 ff., 323, 470 f.

⁷) Bei zwiespältigen Wahlen galt schon früh nach römischem Vorbild das Mehrheitsprincip. Vgl. den Beschluss der römischen Synode von 499 bei Hinschius, Das Kirchenrecht der Katholiken und Protestanten, I, S. 218 u. 8.

⁸) Auch hier galt aber ursprünglich der Satz, dass die Majorität nur dann entscheiden solle, wenn sie der *sanior pars* sei, c. 42, 55, 57, X. *de elect* 1, 6.

wurde⁹), hat die goldene Bulle für die deutsche Königswahl einfache Majorität der Kurfürsten verlangt. Im späteren Mittelalter begegnen wir auch in zahlreichen Weisthümern dem Satze: Minderheit solle der Mehrheit folgen. Keineswegs aber ist nun etwa in deutschen Landen zu Zeiten des alten Reiches überall das Majoritätsprincip durchgedrungen. Eine monarchisch-aristokratische Gesellschaft und die aus ihr hervorgehende Gestaltung der Staatsordnung kann es ihrer Natur nach nur innerhalb enger Schranken anerkennen. Daher mussten im Reiche der Kaiser und alle drei Collegien des Reichstages übereinstimmen, damit ein Reichsschluss zustande kam und ähnlich lag die Sache in allen Staaten mit ständischen Institutionen. Wohl suchte hie und da die Theorie die Nothwendigkeit einhelliger Beschlüsse zu leugnen, aber mit welchen geistigen Mitteln! So hat es Reichspublicisten gegeben, die, sei es zur Stärkung der kaiserlichen Gewalt, sei es um einen minder schleppenden Geschäftsgang in Reichssachen herbeizuführen, die Behauptung aufstellten, die Gewalt des Reiches sei gleich zwölf Zwölfteln — der Beweis für diesen sonderbaren Satz wird aus einer Stelle des Sueton geführt —, der Kaiser habe hievon sechs Zwölftel, jedes Reichscollegium hingegen zwei Zwölftel, so dass der Kaiser mit einem Collegium den Ausschlag geben könne.¹⁰) Allein diese arithmetische Weisheit hat keine praktische Anerkennung gefunden.

Wenn ich nunmehr meine Aufgabe umgrenze, so schliesse ich von ihr alles aus, was sich auf die Stellung der Minoritäten bei Wahlen bezieht, da dieses Thema bereits eingehend untersucht wurde und noch immer an vielen Orten Gegenstand eifriger

---

⁹) H. Bresslau, Zur Geschichte der deutschen Königswahlen. Deutsche Zeitschrift für Geschichtswissenschaft, Jahrg. 1897/98, S. 122 ff. Bis zum Kurverein zu Rense wurde an dem Princip der Einhelligkeit der Wahl festgehalten, Schröder, Lehrbuch der deutschen Rechtsgeschichte, 2. Aufl, S. 459, 464.

¹⁰) Th. Reinkingk, *De regimine seculari et ecclesiastica ed. sec. 1622,* S. 319 sq. Vgl. Pütter, Beiträge zum deutschen Staats- und Fürstenrecht, I, S. 91 f.

politischer Discussion ist. Die Frage nach der Minoritätenvertretung, die zahlreichen Theorien über die Proportionalwahlen, die Verwirklichung, welche sie bereits gefunden haben, zu untersuchen, muss ich an dieser Stelle unterlassen, da solches uns viel zu weit wegführte von den bisher wenig oder gar nicht erörterten Problemen, die das Recht der Minoritäten berühren. Es genügt darauf hinzuweisen, dass eine umfassende Darstellung der politischen Stellung der Minoritäten auch mit jener Frage sich eingehend zu beschäftigen hätte.

Ferner genügt es, wenn ein zweiter wichtiger Punkt hier kurz berührt wird. Seit den ältesten antiken Verfassungen bis in die Gegenwart wurde und wird Minoritäten durch Bevorrechtung wirksamer Schutz und Antheil an der Entscheidungsgewalt ertheilt. Die Gliederung der Völker in Classen, Centurien, Tribus, Curien, der Stände in mehrere Collegien, der Parlamente in zwei Häuser mit verschiedener Zusammensetzung, die Berufung von Abgeordneten durch die Krone und nach Interessengruppen, die Censuswahlen u. s. w., selbst die Sanction des Monarchen und das Veto eines Präsidenten haben unter anderem den Zweck, den reinen, auf die Kopfzahl gegründeten Mehrheitsentscheid zu verhindern. Mit der Stellung derartiger verfassungsmässig bevorrechteter Minoritäten haben wir uns auch nicht weiter zu befassen: es reicht für unsere Zwecke hin, das Dasein solcher Institutionen festzustellen.

Auch die zahlreichen Rechte, die dem Individuum und den Minoritäten durch die Organisation der Justiz und der Verwaltung gegeben sind, fallen nicht in den Bereich unserer Untersuchung — könnte doch sonst das ganze Verwaltungs- und Processrecht unter diesem Gesichtspunkte abgehandelt werden. Ja, selbst das gesammte Verfassungsrecht müsste hier eingehend untersucht werden.[11]) Die modernen Theorien von der Theilung

---

[11]) Der Zusammenhang einer ganzen Reihe verfassungsmässiger Institutionen mit dem Rechte der Minoritäten wurde bereits energisch betont von Guizot, *Histoire des origines du gouvernement représentatif en Europe*, I,

der Gewalten bezwecken nicht in letzter Linie Schutz der Einzelnen vor der Majoritätsherrschaft, wie denn auch die Forderungen nach Selbstverwaltung und Verwaltungsgerichtsbarkeit in nachweisbarem Zusammenhange mit dem Misstrauen gegen wechselnde Majoritäten und der von ihnen beeinflussten Regierungen stehen.

Das hier zu untersuchende Problem ist einzig und allein das Recht der Minoritäten bei Entscheidungen in gesetzgebenden Collegien und bei Volksabstimmungen. Die geschäftsordnungsmässigen Rechte, welche Minoritäten in den Parlamenten geniessen, werden auch nur soweit berührt werden, als sie mit jenem Problem in Zusammenhang stehen. Sie haben übrigens alle den wesentlichen Zweck, einer Minorität oder einem Einzelnen die Möglichkeit zu verschaffen, sich geltend zu machen und dadurch die Entscheidung des Collegiums zu beeinflussen.

Während die früher erwähnten Punkte mehr oder minder eingehende Beachtung gefunden haben, ist diese Frage niemals einer systematischen Betrachtung unterzogen worden. Die Literatur ist bisher in der Regel über gelegentliche Aeusserungen nicht hinausgekommen. Dieses interessante Problem, zugleich das wichtigste in dem ganzen Complex von Fragen, die das Recht der Minderheit betreffen, wird uns zur Genüge beschäftigen. Ja, wir werden selbst bei solcher Beschränkung nur in den grössten Zügen zeichnen können.

Dieses Recht der Minoritäten kann einen doppelten Zweck verfolgen: den Schutz objectiver staatlicher Institutionen oder subjectiver Interessen. Aber nur in der Theorie, nicht aber praktisch lässt sich beides auseinanderhalten, da Institutionen

---

p. 112: „*Les précautions électorales, les débuts des chambres, leur publicité, la liberté de la presse, la responsabilité des ministres, toutes ces combinaisons ont pour object de ne déclarer, pour ainsi dire la majorité qu'à bonnes enseignes, de la contraindre à se légitimer sans cesse pour se conserver, et de mettre la minorité en état de lui contester son pouvoir et son droit.*"

und Interessen in Wirklichkeit stets eng mit einander verknüpft sind. So würde z. B. eine Veränderung oder Aufhebung des englischen Oberhauses nicht nur in den Bau des englischen Staates eingreifen, sondern auch die öffentlich-rechtliche und sociale Stellung der Peers treffen. Es soll denn im folgenden auf diesen theoretischen Unterschied nicht näher eingegangen werden.

Wir wollen nun zuvörderst nach rückwärts und sodann nach vorwärts blicken. Zunächst wollen wir sehen, inwiefern Minoritäten heute ein entscheidendes Recht gegeben, aus welchem Gedankenkreise es entsprungen ist, wie es sich entwickelt hat. Sodann aber wollen wir uns der Zukunft zuwenden und untersuchen, welche Bedeutung die Frage nach dem Rechte der Minoritäten für kommende Zeiten hat.

II.

Wir schreiten zur Beantwortung der ersten Frage: hat Mehrheitswille, d. h. der Wille der absoluten Mehrheit, überall in gesetzgebenden Versammlungen unbeschränkte Entscheidungsgewalt, und wenn nicht, wie und wo sind ihm Schranken gesetzt?

Um diese Frage zu beantworten, müssen wir zurückgreifen in jene Zeiten, in denen die modernen Anschauungen von Verfassung und Gesetz zuerst auftreten.

Gegen das Ende des 16. Jahrhunderts taucht die ganz neue Vorstellung auf, dass es Gesetze gebe, die mit besonderer Heiligkeit umkleidet sind, die höheren Werth haben als die übrigen. Das sind die Grundgesetze, *leges fundamentales*. Das Wort *fundamentalis* ist weder classisch, noch gehört es dem mittelalterlichen Latein an. Bei Ducange ist es nicht zu finden, es ist daher zweifellos eine Neubildung. Wenn auch seit der Renaissance der antike Gegensatz von πολιτεία und νόμοι, von Verfassung und Gesetz, wie ihn Aristoteles entwickelt hatte, allgemein bekannt war, so entstammt dennoch die Vorstellung eines Grundgesetzes wesentlich den grossen Kämpfen zwischen Königthum und Volksthum, wie sie seit Beginn der neueren Zeit namentlich im Gefolge der Reformation eingetreten waren. Grundgesetze sollen nicht einseitig vom Könige geändert werden können. Schon im 16. Jahrhundert heisst es bei den Monarchomachen, die „*leges quae dicuntur fundamentales*" [12]) seien dem königlichen Willen entrückt. Loyseau erklärt zu Anfang des 17. Jahrhunderts, dass die „*loix fondamentales de l'Estat*" für den König von Frankreich, der ja schon damals ein absoluter Herr war, eine feste Schranke bilden [13]) und auch der pedantische Despot Jacob 1. beruft sich auf das Dasein von *fundamental laws*, die er in seinem Sinne deutet.[14]) Der Osnabrücker Frieden führt den Begriff des Grundgesetzes in das deutsche Staatsrecht ein.[15])

Was aber ist ein Grundgesetz? In der gelehrten Literatur vermag es niemand zu sagen. Im Leviathan erwähnt Hobbes den Unterschied zwischen Grund- und anderen Gesetzen, fügt aber hinzu, er habe bei keinem Autor eine Definition des Grundgesetzes gefunden.[16]) Hierauf sucht er selbst dem Worte einen festen Sinn zu geben: ein Grundgesetz sei ein solches, dessen Aufhebung den Staatskörper zerstören und völlige Anarchie hervorrufen würde. Das Grundgesetz ist daher nichts anderes als der Grundvertrag, auf den Hobbes das ganze Gebäude

---

[12]) Treumann, Die Monarchomachen (in Jellinek-Meyer, Staats- und völkerrechtliche Abhandlungen, I, 1), S. 77, N. 5.

[13]) *Traité des Seigneuries*, 1608, S. 26.

[14]) Prothero, *Select Statutes and other Constitutional Documents illustr. of the reign Elizabeth and James*, I, Oxford 1894, S. 400.

[15]) J. P. O. VIII, 4: *De caetero omnes laudabiles consuetudines et Sacri Romani Imperii constitutiones et leges fundamentales, imposterum religiose serventur.*

[16]) *I could never see in any author what a fundamental law signifieth*, Ch. 26. *The English Works of Th. Hobbes*, London 1839, III, S. 275. In der lateinischen Ausgabe fehlt diese Stelle.

seiner Staatslehre gründet, sowie die nächsten Consequenzen, die er aus diesem Vertrage zieht.

Hobbes hatte nicht geahnt, welch grosse Bedeutung damals schon dieser neue Begriff des Grundgesetzes ausserhalb der zünftigen Gelehrtenwelt gewonnen hatte, dass seine Lösung des Problems nichts weniger als neu war. Der Zusammenhang zwischen Grundgesetz und Gesellschaftsvertrag hat in der gewaltigen Volksbewegung, die England seit dem Beginne des 17. Jahrhunderts durchwühlte, deren Folgen für die ganze Entwicklung des modernen Staates erst heute in ihrem vollen Umfange erkannt werden, eine grosse und folgenschwere Rolle gespielt.

Die Puritaner nämlich und Independenten, also die Träger der revolutionären Bewegung in England und Schottland, stehen unter der Herrschaft der von ihnen aus den Principien der reformirten Kirche gefolgerten Anschauung, dass alle Gewalt, kirchliche wie weltliche, in die Hand der Gemeinde gelegt sei.[17]) Deshalb bedarf es zur Gründung einer Kirchengemeinschaft eines Vertrages der künftigen Gemeindemitglieder, und in der That organisiren sich die Anhänger dieser Lehre dadurch, dass sie „*covenants*", Verträge abschliessen[18]), weshalb die ganze Partei den Namen der Covenanter bekam. Aber nicht nur die Kirchen-, auch die Staatsgemeinde ist nach ihrer Anschauung Product eines Vertrages. Daher verlangen die Officiere Cromwell's unter dem Einflusse der Leveller und namentlich deren Führers John Lilburne, dass eine von ihnen ausgearbeitete und beschlossene Verfassung gleichsam als Grundvertrag Englands vom Parlamente allen Engländern zur Unterschrift vorgelegt werden solle. In diesem Instrument, dem *agreement of the people* (Volksvertrag), wird erklärt, dass es die fundamentalen Rechte und Freiheiten des Volkes enthalte. Diese Fundamentalrechte werden

---

[17]) **Jellinek**, Die Erklärung der Menschen- und Bürgerrechte, S. 31 ff.
[18]) **Borgeaud**, *Établissement et revision des constitutions*. Paris 1893, S. 8.

aber ausdrücklich den Majoritätsbeschlüssen des Parlaments entzogen. Jedes Gesetz, das in dieser Richtung von der Mehrheit einer Minderheit solle aufgezwungen werden, sei null und nichtig. Ueber diese Grundgesetze könne überhaupt nicht das Parlament befinden, sondern nur das Volk, dessen Willen das Parlament selbst seinen Auftrag und seine ganze Existenz verdanke. Ueber die Formen jedoch, in denen die Aenderung der verfassungsmässigen Grundsätze durch das Volk vor sich gehen solle, ist in diesem merkwürdigen Documente, dessen ursprüngliche Gestalt erst vor einigen Jahren wieder an's Licht gezogen wurde [19]), nichts gesagt. Doch hätten ihren Principien gemäss diese frommen Männer Einstimmigkeit des gesammten Volkes zur Verfassungsänderung verlangen müssen. Dem religiösen Gefühle ist Achtung vor der Mehrheit fremd. Ein Erwählter ist mehr werth als zehntausend Verworfene. Der Werth der Einzelpersönlichkeit ist ein unendlicher geworden. Nur in untergeordneten Dingen könnte da die Mehrheit entscheiden. Steht aber die ganze Ordnung des Gemeinwesens in Frage, dann müsste Einstimmigkeit zur Aenderung erforderlich sein.

Diese revolutionäre Bewegung geht aber in England vorüber. Das alte Parlament kehrt mit dem Königthum zurück und überdauert dieses Königthum, es wird durch die glorreiche Revolution von 1688 die unbestritten herrschende Macht in England. In diesem Parlamente hatte jedoch schon seit langem in jedem der beiden Häuser die einfache Mehrheit entschieden, und so ist es bis auf den heutigen Tag der Fall. Das englische Recht weiss von keiner Angelegenheit, welche zur Beschluss-

---

[19]) Der erste Entwurf, abgedruckt bei Gardiner, *History of the great civil war*, III, London 1891, S. 608 sq. Der definitive Text bei Gardiner, *The Constitutional Documents of the Puritan Revolution*. Oxford 1889, S. 270 sq. In ihm ist von dem verfassungsändernden Rechte des Volkes nicht mehr die Rede, dafür sind im achten Absatz (S. 279, 80) sechs Punkte aufgezählt, welche parlamentarischen Majoritätsschlüssen entzogen sein sollen.

fassung eine qualificirte Mehrheit erfordern würde. Diese realen Verhältnisse wirken nun auch auf die politische Literatur ein, die selbst da, wo sie reformiren will, viel öfter, als man zu glauben geneigt ist, nur die gegebenen Verhältnisse wiederspiegelt. In seinem berühmten Buche über die Regierung untersucht Locke die Lehre vom Socialvertrag, die nun in England von allen Seiten anerkannt wurde, zumal die Revolution und die Reaction, John Lilburne und Thomas Hobbes, ihr gehuldigt hatten. Ein Vertrag, und zwar ein Vereinigungsvertrag ist es, durch den der Staat gegründet wird. Einstimmig muss dieser ursprüngliche Vertrag abgeschlossen werden, stillschweigend tritt ihm jeder bei, der zu seinen Jahren kommt. Aber dieser Vertrag hat kraft Naturrechtes eine wichtige Clausel: Im Staate soll künftig der Mehrheitswille widerstandslos gelten.[20]) Schranken sind diesem Mehrheitswillen nur durch die Zwecke der Vereinigung gesetzt: Bewahrung des Eigenthums des Einzelnen, in welchem auch Leben und Freiheit enthalten sind. In solchem Fall ist dem Volke ein Widerstandsrecht selbst gegen den Gesetzgeber gegeben, dem es die übertragene Gewalt entziehen kann. Aber Locke unterlässt es anzugeben, durch welche legale Mittel die durch ungerechte Gesetze verletzten Einzelnen oder Minoritäten in den Stand gesetzt werden sollen, sich wehren zu können.

Auch auf dem Continente hatte man in der zweiten Hälfte des 17. Jahrhunderts begonnen, das Recht der Minoritäten gegenüber den Grundgesetzen zu untersuchen. Zuerst hat

---

[20]) *Two treatises of government*, II, ch. VIII, 96—99. Schon Hobbes hatte erklärt, dass im einstimmig abzuschliessenden Socialvertrag die Bestimmung enthalten sei, sich dem von der Mehrheit bezeichneten Herrscher zu unterwerfen. Ist der Herrscher ein *concilium*, dann gilt dessen Mehrheitswille. *De cive*, V, 8, Leviathan, ch. XVIII, a. a. O. p. 159. Vor Hobbes hatte H. Grotius, *De iure belli ac pacis*, II, V, 17 auf Grund antiker Lehren behauptet, dass „*naturaliter pars maior ius habet integri*".

Pufendorf darüber eine bestimmte Ansicht geäussert. Das den Staat constituirende *pactum unionis* muss einstimmig abgeschlossen werden. Das auf Grund dieses *pactum* erlassene Decret über die *forma regiminis* hingegen wird mit Mehrheit beschlossen. Nur diejenigen, die den Vereinigungsvertrag bedingt eingegangen sind, brauchen sich ihm nicht zu fügen, bleiben aber dafür ausserhalb des sich bildenden Staates.[21]) Noch eingehender hat sich die Literatur des 18. Jahrhunderts mit dieser Frage beschäftigt. Am energischesten hat Chr. Wolff betont, dass die gesetzgebende Gewalt an den Grundgesetzen eine unübersteigliche Schranke habe, nur Herrscher und Volksgesammtheit können sie gemeinsam ändern.[22]) Von den Schülern Wolff's hat namentlich E. de Vattel das Problem eingehend erörtert. Er schreibt dem Volke zwar volle Freiheit zu, die Verfassung nach Belieben durch Mehrheitsbeschlüsse zu ändern, entzieht aber dieser Mehrheit das Recht, sie der Minderheit aufzudrängen. Fügt sich die Minderheit nicht, so kann sie unbelästigt den Staat verlassen und anderswo ein neues Gemeinwesen gründen.[23]) Am wichtigsten sind aber die Ausführungen Rousseau's. Er kehrt zu dem Satze Locke's zurück, dass auf Grund des ursprünglichen, einstimmig abgeschlossenen Vertrages die Mehrheit die Minderheit verpflichte, fühlt aber den tiefen Widerspruch dieser Behauptung mit dem von ihm so energisch vertheidigten Satze, dass jeder im Staate frei und daher nur seinem eigenen Willen unterworfen sein müsse. Er löst ihn durch die sophistische Ausführung, dass der bei einer Volksabstimmung in der Minderheit Gebliebene sich über den Inhalt der *volonté générale*, die ja auch die Essenz seines Willens bildet, getäuscht habe. Der Mehrheitswille ent-

---

[21]) *De iure naturae et gentium*, VII, 2, §. 8.

[22]) *Jus naturae methodo scientifica pertractatum* VIII, §. 815: *Potestati legislatoriae non subsunt leges fundamentales.*

[23]) *Le droit des gens*, I, ch. III, §. 33.

halte stets den wahren Allgemeinwillen, an dessen Bildung auch der Dissentirende durch Stimmgebung theilnehme.²⁴) Doch fühlt er das Bedenkliche dieser Deduction selbst, indem er empfiehlt, die Stärke der zum Beschlusse nothwendigen Majorität nach der Wichtigkeit und Dringlichkeit des Gegenstandes festzusetzen.²⁵) Niemals aber ist ein Schutz der Minoritäten nothwendig, da Rousseau es für undenkbar erklärt, dass der Allgemeinwille den Einzelnen absichtlich wolle schaden können.²⁶)

Alle diese Untersuchungen sind aber vorläufig rein akademischer Natur. Wo waren die Verfassungen, wo die Grundgesetze, die durch den Mehrheitswillen oder den Willen aller hätten geändert werden können? In der Wirklichkeit war damals auf dem Continente davon nur wenig zu finden. Zu praktischer Bedeutung gelangt diese ganze Lehre fern von der Stätte, die sie erzeugt hatte, jenseits des Oceans, in Amerika.

Da müssen wir aber etwas zurückgreifen. Jene englischen revolutionären Lehren vom einstimmigen Gesellschaftsvertrage als Grund des Staates hatten eine merkwürdige Verkörperung gefunden in den amerikanischen Colonien Britanniens. Wenn dorthin Ansiedler aus dem Mutterlande zogen, so hielten sie es für selbstverständlich, feierliche Pflanzungsverträge abzuschliessen, die sie alle Mann für Mann für sich, ihre Weiber und Kinder unterzeichneten. Das bekannteste dieser Documente ist der Vertrag, den die „Pilgrimväter" am 11. November 1620 an Bord des Schiffes „Maiblume" abgeschlossen hatten. Das bedeutsamste aber sind die *Fundamental Orders of Connecticut* vom 14. Januar 1638(39), in denen eine detaillirte Staatsverfassung

---

²⁴) *Du contrat social*, IV, II.
²⁵) *Plus les délibérations sont importantes et graves, plus l'avis qui l'importe doit approcher de l'unanimité.* Das soll namentlich bei Gesetzen gelten.
²⁶) A. a. O. I, 7: .... *il est impossible que le corps veuille nuire à tous ses membres; et nous verrons ci-après qu'il ne peut nuire à aucun en particulier. Le souverain, par cela seul qu'il est, est toujours tout ce qu'il doit être.*

aufgestellt wurde. Alle diese Verträge gelten als dem Willen der Mehrheit entzogen. Ganz wie die Leveller in der Heimat dachten diese englischen Ansiedler: was alle beschlossen haben, kann auch nur von allen geändert werden. Nun erhielten aber diese Colonien im Laufe der Zeit, sei es von den englischen Königen, sei es von ihren Eigenthümern, wie z. B. Pennsylvanien von William Penn, Charters, verbriefte Rechte, die Vorläufer der modernen Verfassungsurkunden. Auf diese Colonialcharten, die häufig nichts anderes als eine Bestätigung der durch eigene Beschlüsse der Colonie festgesetzten Organisation und der den Staatsgenossen gewährten Rechte enthielten, überträgt sich unvermerkt die Vorstellung des Grundvertrages oder Grundgesetzes, das dem Majoritätswillen entrückt sein soll.

Diese Vorstellung wird von der grössten praktischen Bedeutung seit 1776. Die vom britischen Mutterlande sich losreissenden amerikanischen Colonien geben sich kraft der nun erlangten Machtvollkommenheit in diesem und den folgenden Jahren Verfassungen — die ersten Verfassungsurkunden im modernen Sinne. Alle diese Verfassungsurkunden werden als unmittelbare Ausflüsse des Willens des vereinigten Volkes betrachtet: sie sind gleichsam der geschriebene Grundvertrag, auf dem nach amerikanischer Anschauung bis auf den heutigen Tag der Staat ruht. Bald erhebt sich aber die Frage: Können diese Verfassungen geändert werden, und wenn es geschehen kann, in welchen Formen? Die alte, auf kirchlichen und naturrechtlichen Anschauungen beruhende Lehre von der Einstimmigkeit als Erforderniss der Verfassungsänderung kann selbstverständlich nicht aufrecht erhalten werden, einem allem Doctrinarismus so abholden Volke wie den Amerikanern lag nichts ferner als das polnische *liberum veto* seinen Institutionen einzufügen. Aber complicirte und kräftige Hinderungsmittel der Verfassungsänderung werden beschlossen, so dass es nirgends schwerer ist, eine solche ins Werk zu setzen, als in den Vereinigten Staaten. Die amerikanischen Verfassungen sind rigide Verfassungen im

Gegensatz zu den biegsamen, die Europa in nicht geringer Zahl kennt. Die nunmehr geschaffenen Formen für die Verfassungsänderungen verfolgen verschiedene Zwecke. Einmal sollen häufige Aenderungen hintangehalten werden, daher finden wir Verbote, sie innerhalb einer bestimmten Zeit vorzunehmen, sodann soll das Volk selbst darüber in letzter Instanz entscheiden können, daher eingehende Bestimmungen über die Art der Volksentscheidungen. Ein grosser Theil dieser Formen bezweckt aber Schutz der parlamentarischen Minorität, der ein Recht des Widerspruchs gegen die geplante Aenderung gegeben ist. Selbst für die ein Amendement zur Verfassung der Einzelstaaten sanctionirende Volksabstimmung ist nicht immer einfache Majorität genügend. In jenem Rhode Island, das sich im 17. Jahrhundert als eine der ersten Colonien auf Grund von Pflanzungsverträgen constituirt hatte, kann bis auf den heutigen Tag nur durch eine Dreifünftel-Majorität des abstimmenden Volkes die Verfassung geändert werden, so dass einer allerdings bedeutenden Minorität das Recht des Widerspruches gegeben ist.[27]) In der Regel ist aber in den Legislaturen, die überall zunächst über die Verfassungsänderung zu befinden haben, eine grössere als einfache Mehrheit zu einem giltigen Beschlusse nothwendig, und zwar sind hier die mannigfachsten Combinationen vorhanden: Dreifünftel- oder Zweidrittel-Majorität in jedem Hause, Zweidrittel-Majorität in einem Hause, in den anderen einfache Majorität, Abstimmung in zwei aufeinanderfolgenden Legislaturen mit einfacher Mehrheit in der einen und Zweidrittel-Mehrheit in der nächsten oder sogar (in Delaware) mit Zweidrittel-Mehrheit in der einen und Dreiviertel-Mehrheit in der andern u. s. w. Wo solche Bestimmungen mangeln ist aber häufig einfache Majorität in einer zweiten Legislatur vorgeschrieben,

---

[27]) Ursprünglich wurde in mehreren Staaten Zweidrittel-Majorität der Wähler zur Bestätigung der Verfassungsänderung verlangt; vgl. Borgeaud, p. 171 sq., 177.

um zu erkunden, ob die ursprüngliche Mehrheit noch fortbestehe.²⁸)

Dieses System des Minoritätenschutzes ist aber auch durchgeführt worden in der Verfassung der amerikanischen Union selbst. Zwei Drittel beider Häuser des Congresses müssen die Verfassungsänderung beschliessen und drei Viertel der Staatenlegislaturen müssen sie ratificiren, so dass sowohl die Minderheit in jedem Hause des Congresses als eine noch geringer bemessene Minderheit von Staaten das Recht besitzt, das Zustandekommen eines Amendements zu hindern. Diese Minoritätenrechte sind nun in der That so weitgehend, dass in diesem Jahrhundert nur vier Zusätze zur Verfassung angenommen worden sind und seit mehr als dreissig Jahren keiner der zahlreichen auf eine Verfassungsänderung zielenden Vorschläge durchgedrungen ist. Kraft dieses Rechtes der Minoritäten ist die Unionsverfassung die rigideste, die es überhaupt gibt, ein Zustand, der zu der interessanten Erscheinung Anlass gibt, dass manches, was nicht formell beschlossen wurde, durch die Mächte des Lebens auf dem Wege gewohnheitsmässiger Uebung sich Bahn bricht, so dass aus der Unveränderlichkeit des Buchstabens der Verfassung nicht auf die Starrheit der Verfassung selbst geschlossen werden darf.²⁹)

Der amerikanische Gedanke des Minoritätenschutzes vereinigt sich nun bald auch in Europa mit der naturrechtlichen Vorstellung vom Wesen der Verfassung, um die Forderung nach einem Rechte der Minoritäten zu erwecken, Verfassungsänderungen durch ihren Einspruch hemmen zu können. Diesen höchst interessanten Process im einzelnen zu verfolgen, würde uns hier zu weit führen. Nicht alle, aber doch viele Verfas-

---

²⁸) Vgl. die Zusammenstellung bei Ellis Paxon Oberholtzer, *The Referendum in America (Publications of the University of Pennsylvania)*, Philadelphia 1893, p. 41, und die näheren Daten dabei im Appendix daselbst.

²⁹) Vgl. hierüber die interessanten Ausführungen von James Bryce, *The American Commonwealth*, 2. ed., I, ch. XXXIV, p. 381 sq.

sungen haben diese Idee acceptirt und in der verschiedenartigsten Weise ausgeführt. Unberührt sind von ihr geblieben die Staaten mit alten Verfassungen, also England [30]) und Ungarn, ferner zum Theil jene Verfassungen, die unter dem Einfluss der französischen Theorie vom *pouvoir constituant* entstanden sind; manche von ihnen lassen nämlich besondere Revisionskammern wählen, die gleichsam ein Specialmandat des Volkes besitzen. Bezeichnend ist es auch, dass heute die romanischen Staaten entweder wie Italien [31]) und Spanien gar keine, oder wie Portugal und Frankreich nur solche Formen kennen, die keinen oder doch nur einen geringfügigen Schutz der Minderheit in sich schliessen. Was namentlich Frankreich anbelangt, so hat es nur in den ephemeren Constitutionen der Revolutionszeit und der zweiten Republik den amerikanischen nachgebildete Erschwerungen der Verfassungsänderung gekannt. Die Charte von 1814 hingegen und die revidirte Charte von 1830 schweigen gänzlich über diesen Punkt. Die Scheinverfassungen der beiden Kaiserreiche kommen kaum in Betracht. Heute aber wird eine Verfassungsänderung zunächst mit einfacher Mehrheit in jeder Kammer beschlossen und sodann an die zur Nationalversammlung vereinigten beiden Kammern gebracht, wo dann ebenfalls einfache Majorität, hier aber allerdings sämmtlicher Kammermitglieder entscheidet. Ist also die Majorität vollzählig auf dem Platze, so kann sie jeden Widerstand, auch den der bedeutendsten Minderheit, brechen. Gewiss hat zu diesen Bestimmungen die Erfahrung der Franzosen beigetragen, wie nutzlos alle weitgehenden Schutzmittel der Stabilität der Verfassung waren. Aber andererseits ist Achtung der Minderheiten niemals ernstlich Sache des romanischen, vor allem des franzö-

---

[30]) Maine, *Popular Government*, p. 124 sq., hebt energisch die die Majoritätswillkür begünstigenden Nachtheile des englischen Systems im Gegensatz zum amerikanischen hervor.

[31]) Von Brusa, Das Staatsrecht des Königreichs Italien (in Marquardsen's Handbuch des öffentlichen Rechts). S. 14, 15 gebilligt.

sischen Volksthums gewesen. Die altrömischen Vorstellungen von der Staatsomnipotenz liegen den Romanen zu sehr im Blute. In ihren Verfassungen haben sie zwar, die Franzosen allen voran, die amerikanischen Sätze von den Rechten der Individuen und den zu Minderheiten vereinten Individuen verkündet, in Wahrheit hat aber dort, und zwar wiederum vornehmlich in Frankreich, die Staatsraison stets die ihr widerstrebenden Minderheiten schonungslos niedergetreten.

In den meisten anderen Verfassungen aber der Gegenwart hat die Idee des Minoritätenschutzes einen mehr oder minder kräftigen Ausdruck gefunden. So in den Niederlanden, in Belgien, Norwegen, den Staaten der Balkanhalbinsel, dann in der Schweiz, wo nicht nur die Mehrzahl der Schweizer Bürger, sondern auch die vielleicht eine Minderheit der Bevölkerung repräsentirende Mehrheit der Cantone zustimmen muss.[11]) So in Oesterreich, sowohl im Reiche, als in den Ländern. So im Deutschen Reiche, in dessen Bundesrathe vierzehn Stimmen ein Veto gegen jede Verfassungsänderung haben, so in den meisten Staaten des Reiches, unter denen aber gerade Preussen eine Ausnahme macht, da dort einfach eine wiederholte Abstimmung in beiden Kammern zur Verfassungsänderung genügt.

Hier erhebt sich eine zweite Frage: Was ist denn eigentlich der Inhalt einer Verfassung, was gehört in das Grundgesetz, das Minoritätenschutz verheisst, was nicht? Wenn Hobbes heute lebte, er fände noch immer in der Literatur keine befriedigende Antwort auf diese Frage. In den verschiedenen Staaten sind neben den Grundzügen der Organisation und der Competenz des Staates die verschiedenartigsten Bestimmungen in die Verfassung aufgenommen worden, die anderswo sogar zu den untergeordnetsten Bestandtheilen einfacher Gesetze zählen

---

[11]) Anders in den Cantonen, wo die grossen Räthe oder besondere Verfassungsräthe unter Sanction des Volkes durch einfache Mehrheit die Verfassung revidiren.

würden. Treffende Beispiele hiefür bietet die Verfassung des Deutschen Reiches in der Aufzählung der vermittelnden Functionen, die sie dem Reiche auf dem Gebiete des Eisenbahnwesens zuweist.³³) Je kleiner der Staat, desto länger pflegt seine Verfassung zu sein. So sind z. B. die Verfassungen von Oldenburg und Braunschweig mehr als doppelt so umfangreich wie die von Preussen. Welche Principienlosigkeit in der Abgrenzung der Verfassungs- von der einfachen Gesetzgebung herrscht, dafür bietet Oesterreich ein schlagendes Beispiel, indem dort die Reichsrathswahlordnung einfaches, die Landtagswahlordnung hingegen Verfassungsgesetz ist. Was ein Volk alles seiner Verfassung zuweisen kann, das hat vor einigen Jahren die Schweiz in dem Zusatzartikel 25ᵇ der Bundesverfassung gezeigt, der das Schächtverbot enthält.³⁴) Der Begriff der modernen Verfassung ist daher in den Staaten mit besonderen Verfassungsurkunden oder Staatsgrundgesetzen ein rein formeller geworden, demzufolge ein Verfassungsgesetz dasjenige ist, welches ausdrücklich als solches bezeichnet wurde.

Aber gerade jene Unmöglichkeit, das Gebiet der Verfassungsgesetzgebung anders als durch rein äusserliche Merkmale von dem der einfachen Gesetzgebung zu sondern, hat in neuester Zeit, und zwar wiederum in Amerika, zu einer höchst merkwürdigen und bedeutsamen Erscheinung geführt. Wenn man

---

³³) Z. B. Art. 45: „Dem Reiche steht die Controle über das Tarifwesen zu. Dasselbe wird namentlich dahin wirken:

1. dass baldigst auf allen deutschen Eisenbahnen übereinstimmende Betriebsreglements eingeführt werden;

2. dass die möglichste Gleichmässigkeit und Herabsetzung der Tarife erzielt, insbesondere dass bei grösseren Entfernungen für den Transport von Kohlen, Coaks, Holz, Erzen, Steinen, Salz, Roheisen, Düngungsmitteln und ähnlichen Gegenständen ein dem Bedürfniss der Landwirthschaft und Industrie entsprechender ermässigter Tarif, und zwar zunächst thunlichst der Einpfennigtarif eingeführt werde."

³⁴) „Das Schlachten der Thiere ohne vorherige Betäubung vor dem Blutentzuge ist bei jeder Schlachtart und Viehgattung ausnahmslos untersagt."

nämlich die heutigen Verfassungsurkunden der Einzelstaaten mit den ursprünglichen vergleicht, so ergibt sich, dass sie dem Umfange nach ein geradezu enormes Wachsthum aufweisen. In der Folioausgabe sämmtlicher nordamerikanischer Verfassungen, die 1877 vom Senate der Vereinigten Staaten veranstaltet wurde, zählt z. B. die Verfassung Virginiens aus dem Jahre 1776 vier, die aus dem Jahre 1870 hingegen einundzwanzig Seiten, die erste Verfassung von Texas (1845) sechzehn, die Verfassung von 1876 zweiunddreissig Seiten u. s. w. Woher kommt das? Weil immer mehr und mehr Gegenstände der einfachen Gesetzgebung entzogen und der Verfassungsgesetzgebung zugewiesen werden. So finden wir in den neueren Verfassungen Sätze, die Lotterien oder den Verkauf geistiger Getränke verbieten, Grundzüge für den Strafvollzug entwerfen, einen Normalarbeitstag festsetzen, den Gehalt der Beamten regeln, genaue Vorschriften für alle Arten von Schulen geben, die Bedingungen für die Verleihung von Corporationsrechten an Eisenbahnen normiren und noch anderes, das im continentalen Europa nicht einmal Sache der einfachen Gesetzgebung, sondern der Regierung ist.[35])

Diese merkwürdige Erscheinung hat eine ganze Reihe von Ursachen. Einmal ist es die Rücksicht auf die Stellung des Richters, der in den Vereinigten Staaten, sowohl in der Union als im Einzelstaat, das Recht hat, verfassungswidrige Gesetze für nichtig zu erklären und von diesem Rechte den ausgiebigsten Gebrauch macht. Will man ein Gesetz vor den Angriffen des Richters ganz sicher stellen, so muss man es eben in die Verfassung selbst aufnehmen.[36]) Sodann das Streben des Volkes,

---

[35]) Bryce, I, p. 427; Oberholtzer, p. 44 sq.

[36]) In einigen Staaten besteht sogar die verfassungsmässige Einrichtung, dass die Richter dem Governor oder jedem Hause der Legislatur auf Verlangen ein Gutachten über Rechtsfragen abzugeben haben. Bryce, I, 432, Hershey, Die Controle über die Gesetzgebung in den Vereinigten Staaten, Heidelberg 1894, S. 39 f.

die letzte Entscheidung über praktisch wichtige Dinge selbst in die Hand zu bekommen, verbunden mit dem heute überall verbreiteten Misstrauen gegen die Parlamente. Dieses Misstrauen treibt gerade in Amerika zu höchst merkwürdigen Massregeln.[37]) In den meisten Staaten ist nicht nur, um die rasche Gesetzesfabrikation zu verhindern, die früher jährliche Einberufung der Legislatur abgeschafft und eine zweijährige Sessionsperiode eingeführt worden, es ist sogar ein Maximum von Sitzungstagen für jede Sessionsperiode vorgeschrieben, damit nicht zu viele Gesetze gemacht werden und damit nicht die Aussicht auf längeren Diätenbezug die Volksvertreter zur Ausdehnung der Session veranlasse.[38]) Allein ein wichtiges Motiv der Hypertrophie der Verfassungsgesetzgebung ist zweifellos auch die Rücksicht auf die parlamentarischen Minderheiten gewesen. Durch Aufnahme einer Bestimmung in die Verfassung ist in der grösseren Zahl der Staaten der parlamentarischen Minorität eine bedeutsame Waffe in die Hand gegeben, um einer rücksichtslosen Ausbeutung der Gesetzgebung durch die Mehrheit wirksame Schranken zu bereiten. Noch immer wirkt hier jener alte religiös-naturrechtliche Gedanke nach, dass die Majorität nur innerhalb enger Grenzen unbegrenzte Verfügungsgewalt haben solle. Das entspricht auch am meisten dem germanischen Individualismus, der in keiner Demokratie so kräftig hervorgetreten ist wie in der amerikanischen. Soweit dies in der Demokratie überhaupt möglich ist, haben die Amerikaner dem reinen Majoritätsprincip entgegengearbeitet. Sie haben nicht nur in der Union, sondern auch in allen Staaten das Zweikammersystem durchgeführt, und überall ist für die obere Kammer, den Senat, die Wählbarkeit namentlich durch

---

[37]) Vgl. auch die interessanten Ausführungen von v. Holst, Das Staatsrecht der Vereinigten Staaten von Amerika (in Marquardsen's Handbuch, S. 144 ff.).

[38]) Bryce, I, p. 467.

höheres Alter und längere Ansässigkeit eingeschränkt, so dass die Gewählten gegenüber den der unteren Kammer einer Minderheit angehören. Ferner steht in der Union dem Präsidenten, in den meisten Staaten dem Governor, also einem Einzelnen, ein sehr wirksames suspensives Veto gegen die Beschlüsse der Legislaturen zu.[39]) Es sind nämlich in der Union und 28 Einzelstaaten [40]) Zweidrittel-Majoritäten in jedem Hause nöthig, um eine mit dem Veto belegte Bill von neuem passiren zu lassen. In einigen Staaten besteht sogar die Bestimmung, dass ein einfaches Gesetz nur durch die Mehrheit aller erwählten Mitglieder beschlossen werden kann [41]), wodurch unter anderem auch der Minderheit ein Schutz gegen leichtfertige Ausbeutung der Macht der Majorität gewährt wird. Alle diese Mittel gegen widerstandslose Herrschaft der Mehrheit bezeichnen den Selbstschutz, den die transatlantische Demokratie auf Grund der Principien gefunden hat, aus denen sie hervorgewachsen ist. Ja, dieser Schutz geht noch viel weiter als hier im einzelnen gezeigt werden kann, da in den Städten in der Regel ähnliche Einrichtungen — Zweikammersystem, Veto des Mayors, das nur durch einen neuen Beschluss mit Zweidrittel-Majorität aufgehoben werden kann — getroffen sind, um auch die Localverwaltung vor der Majorität schlechthin sicherzustellen. Es mag allerdings dahingestellt bleiben, ob all diese Mittel stets den ihnen innewohnenden Zweck erreichen, und ob die Demokratie in Amerika auch in späterer Zukunft stets die Einsicht besitzen werde, die Schranken, die sie dem Majoritätsprincipe

---

[39]) In der Union wurden 1789—1889 433 Bills mit dem Veto belegt. Von ihnen sind nur 29 Gesetz geworden. Mason, *The Veto Power*, Boston 1891, p. 124, 125.

[40]) Darunter 13 Staaten die Zweidrittel-Majorität aller Mitglieder fordern. Ausserdem verlangen zwei Staaten Dreifünftel-Majorität in jeder, einer Zweidrittel-Majorität in einem Hause, sieben Majorität aller Gewählten in jedem Hause. Mason, p. 215 ff.

[41]) v. Holst, S. 147.

gezogen hat, unangetastet zu lassen. Denn alle Demokratie hat die niemals ganz wegzubannende Tendenz, die einfache Mehrheit zum allein entscheidenden Factor zu erheben.

Aus der Betrachtung der gegebenen Zustände hat sich das Resultat ergeben, dass auf Grund einer eigenthümlichen Entwicklung bei wichtigen Beschlüssen, die einer besonderen Form der Gesetzgebung, nämlich der verfassungsändernden zugewiesen sind, in sehr vielen Staaten eine grössere als die einfache Majorität gefordert wird, wodurch einer mehr oder minder starken Minorität die Macht gegeben ist, die geplante Aenderung zu hemmen. Eine befriedigende allgemeine Antwort konnte aber nicht gegeben werden. Wie alles auf dem Gebiete parlamentarischen Wesens tragen auch die Versuche, einer Minderheit Rechte zu gewähren, den Charakter des Zufälligen, Unsicheren, Tastenden an sich. Ein festes Princip konnte aus zwei Gründen nicht gefunden werden. Einmal weil sich der Begriff der Verfassung als ein schwer zu umgrenzender dargestellt hat. Sodann aber, weil der Umfang der einspruchsberechtigten Minorität nur nach dem ganz äusserlichen Moment einer Quote der Gesammtheit der Stimmberechtigten oder einer fixen Zahl berechnet wird, so dass die concrete Festsetzung meist etwas Willkürliches hat.

Von der Frage *de lege lata* wollen wir uns nun zu der *de lege ferenda* wenden. Zunächst haben wir da eine andere Frage zu erörtern. Ist hierin nämlich alles der Empirie zu überlassen oder gibt es dennoch auch für dieses Gebiet feste Principien, die sich dem Kundigen enthüllen?

III.

Wir treten diesem Problem näher, indem wir zuerst untersuchen, ob es Minoritäten gibt, die ihrem Wesen nach einen gerechten Anspruch auf Anerkennung von Rechten haben, sodann worin diese Rechte bestehen sollen. Mit der ersten Frage hat sich die theoretische Politik in unserem Jahrhundert häufig beschäftigt. Aus der grossen Zahl von Namen, die hier zu nennen wären, seien hervorgehoben der Amerikaner Calhoun, die Engländer Th. Hare, J. St. Mill, H. Spencer, H. S. Maine, die Franzosen B. Constant, Guizot, Tocqueville, Laboulaye, Dupont-White.[*]) Sie alle gehen aus von dem Gedanken, dass es Schranken gebe für den Majoritätswillen, dass reine Majoritätsherrschaft nichts als Unterdrückung und Tyrannei bedeute. Die Frage nach den Grenzen der Majoritätsherrschaft beantworten die Meisten mit dem Satze: Das Recht der Minorität geht so weit wie das Recht des Individuums. An dem Bestande anerkannter Rechte des Einzelnen hat der Mehrheitswille eine unübersteigliche Schranke. Dem Individuum und damit den Minoritäten müsse ein Einspruchsrecht zustehen gegen alle Versuche der Mehrheit, in das ihr entzogene Gebiet einbrechen zu wollen. Die Mittel aber, die angegeben werden, um dieses Recht zu realisiren, haben in der Regel den Zweck, die Minderheiten und Individuen durch Einschränkung der parlamentarischen oder Regierungsmacht zu sichern. Es sind meist die früher erwähnten, oft schon lang bekannten Formen des Minoritätenschutzes: Unabhängigkeit der Justiz, Schaffung der Verwaltungsrechtspflege, Decentralisation der Verwaltung, Ausbildung localer Autonomie, Einführung von Minoritätsvertretungen u. s. w., die in der Literatur mehr oder minder ein-

---

[*]) Die einschlägigen Werke von Calhoun, Maine, Guizot, Tocqueville sind an anderen Stellen citirt. Von Hare kommt hier in Betracht sein bekanntes Buch: *A treatise on the election of Representatives*, London 1859, vor allem ch. I und XII, von Mill die beiden Abhandlungen *On liberty* (besonders ch. III) und *Considerations on Representative Government* (ch. VI u. VII), von Spencer namentlich: *The Man versus the State*, IV. *The great political superstition* (zusammengefasst in dem Satz: „*Thus we come round again to the proposition that the assumed divine right of parliaments and the implied divine right of majorities, are superstitions*", p. 103, 104). Ferner von Constant, *Cours de politique constitutionelle* éd. Laboulaye, I, S. 276 und 280 ff., von Laboulaye *L'état et ses limites*, Paris 1863, von Dupont-White *L'individu et l'état*, 2. éd., Paris 1865.

gehend untersucht und angepriesen werden. Allein von den Meisten — auf die Ausnahmen werden wir später zu sprechen kommen — wird die Frage, wie und wann Minderheiten vor Uebergriffen der Gesetzgebung zu schützen seien, kaum gestreift. Einer kleinen Minderheit oder gar einem Individuum gegenüber versagen überall auch die erschwerenden Formen der Verfassungsgesetzgebung ihren Dienst, nicht zu gedenken des Falles, dass die durch legislatorische Massregeln angegriffene Minderheit in der gesetzgebenden Versammlung überhaupt nicht vertreten ist. Nur Nordamerika gewährt dem Individuum einen wirksamen Schutz wenigstens gegen verfassungswidrige Gesetze. Hat dort in irgend einem Staate die Mehrheit ein Gesetz beschlossen, das sich als ein Angriff auf die *Bill of Rights* des betreffenden Staates oder die entsprechenden Bestimmungen der Amendements der Unionsverfassung darstellt (und ähnlich verhält es sich mit den Unionsgesetzen selbst), so ist es Recht und Pflicht des Richters, es gegebenen Falles für unanwendbar zu erklären.[43])

---

[43]) In Europa hat der kleine Canton Uri eine höchst merkwürdige Bestimmung in seiner Verfassung zum Schutze individueller Rechte gegen Gesetzesbeschlüsse der Landesgemeinden, §. 37 der Verfassung vom 5 Mai 1850 bestimmt nämlich: „Was von den Landesgemeinden oder den Landleuten mit Mehrheit erkennt (sic!) wird, ist Gesetz und dem soll nachgelebt werden. Glaubt sich jemand dagegen zu beschweren, so ist ihm zu gestatten, neuerdings unter den gesetzlichen Formen vor diese Behörde zu treten, um seine Vorstellung anzubringen.

Sollte jemand an seinem habenden, besonderen Privateigenthume durch einen Landesgemeindebeschluss sich gekränkt, oder in seinen Privatrechtsamen dadurch benachtheiliget finden, so mag gegen den Beschluss Recht dargeschlagen werden. So mag auch gegen solche Privatrechte kränkende Begehren von sieben Geschlechtern Recht dargeschlagen werden.

Solchem Rechtdarschlagen ungeachtet fährt zwar die Landesgemeinde in ihren Berathungen und Beschlüssen, dem Rechten unvorgreiflich, fort.

Der Richter wird dann (unabhängig vom neuen Landesgemeindebeschluss) die Rechtsfrage zwischen Volk und dem Rechtsdarschlagenden nach Eid und Gewissen entscheiden." Sammlung der Bundesverfassung und der Cantonsver-

Davon wird in der Praxis ein sehr weitgehender Gebrauch gemacht. Aus den Berichten des amerikanischen Arbeitsamtes geht hervor, dass in den letzten Jahren eine Reihe von Staaten Gesetze über Sonntagsruhe beschlossen hat, die häufig vom Richter für ungiltig erklärt wurden. Interessant sind namentlich die Entscheidungen über Sonntagsruhe der Barbiere. Da erklären die Gerichte, jeder Mensch habe verfassungsmässig ein Recht auf glückliche wirthschaftliche Existenz, niemand dürfe zu einer religiösen Handlung gezwungen werden, Specialgesetze, die die Freiheit einzelner Classen von Bürgern einschränken, seien unzulässig u. s. w. Daher sei es ein allgemeines Menschenrecht, auch am Sonntag zu rasiren, wenn man wolle, und der Gesetzgeber habe nicht die Macht, dieses Recht zu beschränken.[¹¹])
Die amerikanische Socialpolitik hat auch nach anderer Richtung hin mit dem Richter zu kämpfen, der manchen Versuchen, einen Normalarbeitstag einzuführen, ein energisches Veto entgegengerufen hat, es sei denn, dass die betreffende Norm zu einer verfassungsmässigen erhoben wurde.

Allein dieser richterliche Schutz, der den Individuen und damit indirect den überstimmten parlamentarischen Minoritäten zutheil wird, hat seine sehr bedenklichen Seiten. Stets ist in solcher Rechtsprechung bei der Unbestimmtheit vieler Verfassungssätze ein arbiträres Moment vorhanden, so dass das Arbitrium des Richters über das des Gesetzgebers gestellt wird. Dadurch kann aber unter Umständen die gedeihliche Entwicklung wichtiger Institutionen durch den Gesetzgeber von dem jeder politischen Verantwortlichkeit baren Richter, der ja wie jeder im öffentlichen Leben Stehende nothwendig dem Einflusse bestimmter

fassungen. Amtliche Ausgabe, Bern 1880, S. 292. Nach Aschehoug, Das Staatsrecht der vereinigten Königreiche Schweden und Norwegen (in Marquardsen's Handbuch), S. 193 f., ist das richterliche Prüfungsrecht der Gesetze auf ihre materielle Verfassungsmässigkeit in Norwegen anerkannt, nur scheint es dort nicht im entferntesten die praktische Bedeutung zu haben wie in Amerika.
[¹¹]) Bulletin of the Department of Labor, 1, Washington 1896, S. 670. 673. 11. 1897, S. 180, 520 (hingegen anders 1, S. 674).

politischer Anschauungen ausgesetzt ist, energisch verhindert werden.

Um eine sichere Basis für ein anzuerkennendes Recht von Minoritäten zu finden, wird man von folgenden Erwägungen ausgehen müssen: Der ganze Gedanke der Mehrheitsentscheidung beruht auf der Vorstellung durchgängiger innerer Einheit des Volkes. Die naturrechtlich-demokratische Idee der völlig gleichwerthigen Individuen liegt ihm zugrunde. Unter gleichwerthigen Individuen kann es aber vernünftigerweise kein anderes Entscheidungsmittel geben als die Grösse der Zahl.

Alle Volksentscheide und parlamentarischen Einrichtungen, wenigstens soweit es sich um Entscheidungen innerhalb einer Kammer handelt, beruhen auf dem Gedanken dieser Gleichwerthigkeit. Da jedes Parlamentsmitglied als Vertreter des ganzen Volkes betrachtet wird, scheinen Werthunterschiede unter diesen Repräsentanten undenkbar. Diesen Gedanken widerspricht keineswegs das Dasein verschiedener Parteien, die parteimässige Politik, die überall in den Parlamenten getrieben wird. Denn es liegt nun einmal im Wesen des Individuums begründet, dass es staatliche Dinge nur gemäss bestimmten Voraussetzungen beurtheilen kann, die anderen, von anderen Lebensverhältnissen beherrschten fremd bleiben müssen. Aus der Vogelperspective könnte nur ein in den Lüften Schwebender und daher zum praktischen Handeln nicht Geeigneter die politische Welt betrachten. Aber alle rein politischen Parteien sind ihrem Wesen nach fluctuirend. Sie sind in ihrer concreten Ausgestaltung niemals feste und dauernde Erscheinungen im Volksleben. Sie wechseln fortwährend an Zahl, Stärke, Bedeutung. Sie wachsen und vergehen. Wer heute conservativ ist, kann morgen gemässigt liberal, wer liberal, nächstens radical sein. Daher kann bei rein politischer Parteigliederung die Minderheit der Gegenwart die Mehrheit der nächsten Zeit werden. Ein Volk, das nur politische Gegensätze kennt, kann daher dem Majoritätsprincip den breitesten Spielraum gewähren, es kann sich damit begnügen, im Interesse der Stabilität der staatlichen Ordnung sowohl, als auch um die jeweilige Mehrheit nicht übermächtig werden zu lassen, jene uns bereits bekannten Mittel des Minoritätenschutzes anzuwenden und dabei rein empirisch, den jeweiligen Verhältnissen des Einzelstaates angepasst verfahren. Das höchste Recht aber einer Minorität solcher Art besteht darin, dass sie den Versuch machen kann, Majorität zu werden. Alle neuen Parteien haben als Minoritäten begonnen, ihr vernünftiges Ziel ist aber stets gewesen, durch Agitation, Ueberredung, Kritik die öffentliche Meinung zu gewinnen und so schliesslich die Herrschaft zu erringen. Vor diesem Rechte der Minorität ist keine Majorität sicher, da sie keine Mittel besitzt, um es auf die Dauer wirksam unterdrücken zu können.

Alle diese Sätze ruhen aber auf der Voraussetzung, dass das Volk politisch eine innere Einheit sei. Nur in einer solchen ist ein derartiges Wachsen und Fluctuiren der Parteien möglich. Da, wo diese Einheit mangelt, kann auch das auf die reine Kopfzahl gegründete Mehrheitsprincip nicht durchgeführt werden. Das haben vor allem die demokratischen Föderativrepubliken der Gegenwart gezeigt. In ihnen sind die staatlichen Gegensätze innerhalb des Bundes so gross, dass neben der Volksmehrheit eine zweite, auf die Zahl der Staaten gegründete, eine mehr oder minder gross bemessene Entscheidungsgewalt hat. Noch weniger aber kann das reine Mehrheitsprincip dort seine Anwendung finden, wo Gegensätze vorhanden sind, die ein Volk ein- für allemal derart scheiden, dass jene Voraussetzung der Gleichwerthigkeit der Individuen hinfällig wird.

Solche Gegensätze sind aber in erster Linie die religiösen gewesen. So lange religiöse Fragen den Charakter von politischen angenommen hatten, hat sich überall energischer Protest gegen das Majoritätsprincip gezeigt. Majorisirung in religiösen Dingen wurde niemals als rechtmässig, sondern stets als Ausdruck brutaler Gewalt empfunden. In besonders prägnanter Weise hat sich ja nach den unseligen Kämpfen des dreissigjährigen Krieges in Deutschland die Verwerfung des Mehrheitsprincips in religiösen Dingen gezeigt. Da war im Reichstage die normale Form der Berathung ganz ausgeschlossen. Jede Majorisirung war da unzulässig, die *amicabilis compositio* zwischen beiden Religionsparteien entschied, und wenn eine der beiden Parteien irgend eine, wenn auch nicht mit der Religion in Verbindung stehende Angelegenheit als Corporationssache erklärte, so trennte sich der Reichstag in das *Corpus Catholicorum* und das *Corpus Evangelicorum*. Bei einer solchen *itio in partes* wurde demnach nach confessionellen Curien abgestimmt, wodurch die an Zahl geringeren evangelischen Stimmen dasselbe Gewicht bekamen wie die katholischen.⁴⁵)

Solche Gegensätze sind aber heute die nationalen. Nationale Parteien können niemals als organische Erscheinungen innerhalb eines Volkes auftreten.⁴⁶) Jenes Fluctuiren und Wechseln, das die rein politischen Parteien auszeichnet, ist bei ihnen gänzlich ausgeschlossen. Der Deutsche von heute kann nicht der Slave von morgen sein und wenn er es ausnahmsweise einmal sein sollte, so verfällt er mit Recht der allgemeinen Verachtung. Gleich den religiösen Parteien sind nationale ein- für allemal fest umgrenzt. Wo nationale Gegensätze in einer Legis-

---

⁴⁵) In eigenthümlicher Weise ist diese *itio in partes* nachgebildet worden von Gladstone in seiner *home rule bill* (1886). Ihr zufolge sollte das irische Parlament aus zwei „*orders*" bestehen, deren Bestellung nach verschiedenen Normen zu erfolgen hätte. Beide Abtheilungen sollten gemeinsam berathen und beschliessen, es sei denn, dass irgend eine Frage von einer Abtheilung durch Majorität als Sonderangelegenheit erklärt würde. Dann sollte getrennte Abstimmung stattfinden, bei der jeder Theil ein Veto haben sollte. Nach 3 Jahren jedoch oder nach einer Auflösung des Parlamentes hätte eine derart abgelehnte Bill wieder eingebracht werden können. Wenn dann die zweite Abtheilung zustimmte, die erste ablehnte, sollte die Majorität des ganzen Hauses entscheiden. Vgl. *Government of Ireland Bill, sect. 9, 23.* (Abgedruckt bei Dicey, *England's case against Home Rule, 3. ed.*, London 1887, p. 295, 304.)

⁴⁶) Treffend ist das Wesen nationaler Parteien gezeichnet von Fischhof, Oesterreich und die Bürgschaften seines Bestandes, 2. Aufl., Wien 1870. S. 76 ff.

latur von erheblicher Bedeutung sind, da wird jede Majorisirung in nationalen Dingen als Brutalisirung empfunden. Die Lehre, dass wie in anderen, so auch in nationalen Fragen Mehrheit zu entscheiden habe, ist nichts anderes als eine in der Politik so häufig vorkommende Deduction aus ungenügend fundirten Prämissen. Es wird nämlich die für das Majoritätsprincip nothwendige innere politische Einheit des gesammten Volkes in einem Punkte vorausgesetzt, in dem sie nicht vorhanden sein kann. Das ist ein Fall des alten, verderblichen Doctrinarismus, der für alle Staaten und alle Parlamente nur eine geheiligte Schablone anerkennen will, er gehört zu den Dogmen jener naturrechtlichen Politik, die unerbittlich Glauben verlangt und den verketzert, der ihren öden Gemeinplätzen Anerkennung versagt. Wir haben ja gesehen, wie der Satz, Mehrheit solle herrschen, hervorging aus der naturrechtlichen Anschauung von der absoluten Gleichheit aller Menschen. Was für das absolut Gleiche gilt, kann aber nicht für das absolut Ungleiche seine Geltung beanspruchen.

In den meisten Staaten mit national gemischter Bevölkerung genügen aber in der grössten Zahl von Fällen Schutzmittel für die Minderheiten in Justiz und Verwaltung, so dass die gesetzgebenden Organe unter den nationalen Gegensätzen nicht zu leiden haben. So sehen wir trotz nationaler Mischung der Bevölkerung in der Schweiz und Belgien die Parlamente dieser Staaten in politische, nicht in nationale Parteien getheilt. Ganz anders aber liegen die Dinge in Oesterreich, das eine grössere Zahl von Nationalitäten in sich vereint, als irgend ein civilisirter Staat in Europa und Amerika. Auch in Oesterreich sind gesetzliche und administrative Massregeln getroffen, um jeder Nationalität, namentlich im Gebrauche ihrer Sprache bei den Behörden und in der Schule Schutz zu ertheilen, die aber in der Regel Gegenstand heftigen Kampfes sind. Andere Mittel zur Lösung der nationalen Zwistigkeiten sind da von Politikern oder nationalen Parteien in der Presse oder in Gesetzentwürfen vorgeschlagen worden: Schaffung eines Sprachengesetzes, nationale Abgrenzung der Bezirke oder Kreise in den gemischtsprachigen Ländern, Einsetzung eines Nationalitätengerichtshofes, Errichtung von Behörden des Staates sowohl als der Selbstverwaltungsverbände mit nationalen Sectionen, Einführung nationaler Curien in den Landtagen. Selbst wenn aber alle diese Vorschläge durchgeführt werden könnten, würde noch immer die grosse Frage übrig bleiben, wie im Reichsrathe die Rechte der nationalen Minderheiten zu schützen seien. Eine Verlegung aller national bedeutsamen Fragen in die Landtage könnte nur auf Kosten einer tiefgehenden, den Staat zerrüttenden Revolution vorgenommen werden und würde niemals die Zustimmung der Nationen finden, die im Centralparlamente ihre Rechte in wirksamerer Weise zu vertheidigen hoffen, als in den Landtagen. Darum handelt es sich in Oesterreich um die ausserordentlich schwierige Frage, wie ein Centralparlament, in dem acht Nationalitäten vertreten sind, diesen parlamentarische Sonderrechte ertheilen kann, ohne den Gang der Verhandlungen für immer unmöglich zu machen. Und doch ist hier die Macht der geschichtlichen Verhältnisse weiser als alle politische Klugheit. Wie die Dinge heute liegen, ist die Nationalitätenfrage in Oesterreich in erster Linie eine deutsche Frage geworden. Einer deutschen Minorität und den sich ihr etwa Angliedernden steht seit einer Reihe von Jahren eine slavische Majorität, der sich noch andere Elemente anschliessen, gegenüber. Es haben sich daher unabhängig von aller gesetzlichen Normirung durch die Macht der nationalen und politischen Gegensätze im Reichsrathe gleichsam ein *Corpus Germanorum* und ein *Corpus Slavorum* gebildet, denen *de iure* aber nicht gleiche Rechte zukommen. Die grossen Kämpfe der letzten Zeit sind der erste Versuch des *Corpus Germanorum* gewesen, sich vor Majorisirung durch das andere Corpus zu schützen. Da es schwerlich gelingen wird, durch entsprechende Aenderung der Landesordnungen oder durch Schaffung ausserparlamentarischer gesetzlicher Institutionen den Kampf im Reichsrathe dauernd und für alle Fälle zu bannen, so läge in der Anerkennung bestimmter der Majorisirung entzogener Rechte des Corpus der Deutschen im Centralparlamente [47]) die einzige Möglichkeit, normale Zustände im Reichsrathe zu garantiren. Der Gegensatz zwischen deutsch und slavisch ist der einzige, der fortwährend an den Existenzbedingungen Oesterreichs rüttelt, alle anderen Gegensätze unter den Nationalitäten sind von verhältnissmässig geringerer Bedeutung. Die Zuerkennung derartiger unentziehbarer Rechte an eine Minorität wäre in der heutigen Staatenwelt durchaus nichts Neues. Ist sie doch in umfassender Weise im deutschen Bundesrathe durchgeführt. Einmal bei Beschlüssen über die Reservatrechte einzelner Staaten, zu deren Abänderung Zustimmung der betreffenden Staaten nothwendig ist, so dass also z. B. die sechs bayerischen oder vier württembergischen Stimmen ein Veto gegen alle übrigen haben; sodann in dem Vetorecht der siebzehn preussischen Stimmen in den Fällen der Artikel 5 und 37 der Reichsverfassung. Die Anerkennung nationaler Sonderrechte liesse sich allerdings viel leichter durchführen, wenn ihre Wahrung dem Herrenhause zufiele, das aber zu diesem Zwecke zum Theil wenigstens als eine Länderkammer gestaltet sein müsste, was doch sogar die am meisten centralistische Verfassung, die Oesterreich zugedacht war, die vom 4. März 1849, beabsichtigt hatte. Ob es gelingen werde,

---

[47]) Die formell auch dem anderen Corpus zuerkannt werden müssten, obwohl dies praktisch ohne Belang, da es ja durch die Thatsache geschützt ist, dass es, von momentanen Schwankungen abgesehen, schon heute die Majorität besitzt, die ihm für die Zukunft umso sicherer ist, als weitere Aenderungen der Wahlordnung die Deutschen immer mehr in die Minderheit drängen werden. Den Vertretern der kleineren Nationalitäten müsste es frei stehen, sich von Fall zu Fall dem einen oder anderen Corpus anzuschliessen, zumal nur in den gesetzlich geregelten Fällen, deren Zahl sich durch streitschlichtende Institutionen anderer Art sehr herabsetzen liesse, die Scheidung der zwei grossen nationalen Parteien einzutreten hätte.

eine derartige Lösung des Kampfes im Reichsrathe zu verwirklichen, ist den Mächten anheimgestellt, welche die Geschichte bewegen. Eine andere Lösung aber wird schwerlich gefunden werden.

Den religiösen und nationalen Parteien würden sich in Zukunft sociale Parteien anschliessen, wenn dereinst der schroffe Gegensatz der besitzenden und nichtbesitzenden Classe in der gesetzgebenden Versammlung eines Staates den scharfen Ausdruck finden sollte, der von den einen gehofft, von den anderen gefürchtet wird. Heute jedoch ist auch in demokratischen Staaten eine derartige parteimässige Theilung des Volkes noch nicht vorhanden, trotz des ununterbrochenen Anwachsens socialistischer Stimmen und Abgeordneter in vielen Staaten.[48]) Selbst die am tiefsten gehende Bewegung dieser Art, die socialdemokratische im Deutschen Reiche, hat keineswegs den Reichstag in eine Vertretung der Besitzenden und Nichtbesitzenden gespalten, vielmehr sind die Socialdemokraten mit gegenwärtig 12% der Gesammtzahl der Abgeordneten nur eine Partei unter vielen. Die Frage ist somit noch keine der gegenwärtigen Politik und kann umsomehr der Zukunft überwiesen werden, als bereits heute Anzeichen dafür vorhanden sind, dass die Socialdemokraten auf die Dauer ihren revolutionären, die vorhandene Staatsordnung gänzlich ignorirenden Charakter nicht beibehalten können, sondern sich in eine radicale Reformpartei verwandeln werden müssen. Der Gegensatz zwischen den einzelnen ökonomischen Interessen hingegen, der ja im deutschen parlamentarischen Leben heute eine so grosse Rolle spielt, lässt sich an Stärke und Bedeutung mit den im Vorhergehenden Erörterten nicht messen. Trotz aller Kämpfe gibt es hier doch eine Reihe von gemeinsamen Angelegenheiten, die, wenn auch nicht immer in der Heftigkeit des öffentlichen Streites zum Bewusstsein gelangend, dennoch

---

[48]) Unter denen Belgien heute den ersten Platz einnimmt, wo von 152 Abgeordneten der zweiten Kammer 29 Socialisten sind.

die gänzliche Ausbeutung oder Unterdrückung der einen Interessentengruppe zu Gunsten der anderen schliesslich verhindern würde. Zudem wechseln auch diese Gruppen fortwährend. Wenn auch ihr Widerstreit heftiger ist als der rein politischer Parteien, so kann er doch niemals die Stärke erreichen, wie der Gegensatz zwischen religiösen und nationalen Gruppen oder jenen beiden socialen Classen. Agrarier und Freihändler können innerhalb derselben politischen Partei Raum finden; das Centrum weist alle möglichen socialpolitischen Schattirungen auf. Zwischen den Parteiprincipien aber des Centrums oder der Socialdemokratie einer- und denen der übrigen Parteien andererseits ist irgend welche Vereinbarung gänzlich ausgeschlossen.

Nun aber ist die Frage zu beantworten, worin das Recht einer der Majorisirung nicht auszusetzenden Minorität bestehen soll. Ueber diese Frage haben zwei hervorragende Männer sich ausgesprochen, ausführlich der amerikanische Staatsmann Calhoun und gelegentlich der englische Rechtshistoriker Sir Henry Sumner Maine. Die Schrift Calhoun's *„A Disquisition on Government"* [19]) ist wohl die originellste Leistung der amerikanischen politischen Literatur. Sie bildet gleichsam die principielle Basis für die bekannte Lehre Calhoun's von dem Rechte der Nullification, das einer überstimmten Staatenminorität gegen Unionsgesetze zustehen soll. Indem Calhoun die dem Mehrheitsprincip zugrunde liegende Theorie von der absoluten Gleichheit der Individuen aufs äusserste bekämpft, will er an Stelle der tyrannischen Entscheidung durch die numerische Majorität diejenige durch die „*concurrent majority*" setzen. Jedes im Volke vorhandene selbständige Element müsse gegen Beschlüsse, die es verletzen, eine Negative, ein Recht des Widerspruchs haben. Nicht auf dem Wege der Majorisirung, die nichts anderes als

---

[19]) Abgedruckt in *The Works of John C. Calhoun, ed. by Cralle*, New-York 1863, Vol. I, p 1—107.

eine Form der Gewalt ist, sondern auf dem des Compromisses, der allein die einem Verfassungsstaate angemessene Art der Entscheidung darstellt, sollen die allgemein verbindlichen Beschlüsse gefasst werden. Nähere Ausführungen darüber aber, wie dieser umwälzende Gedanke in der Demokratie durchzuführen sei, sind in den ganz abstract gehaltenen Darlegungen Calhoun's nicht zu finden. Maine hingegen in seinem „Popular Government" fasst für England die Möglichkeit ins Auge, dass an Stelle der heutigen Parlamentsverfassung die allmächtige Herrschaft eines einzigen, von einem geheimen Wohlfahrtsausschuss geleiteten Convents treten werde. Das einzige Gegenmittel gegen eine derart sich Bahn brechende Tyrannei werde aber in der Obstruction liegen, gegen welche die Führer der Majorität stets Gegenmittel in irgend einer Art Geistesguillotine suchen werden. [50])

Diese Verlängerung oder Verhinderung der parlamentarischen Geschäfte durch Obstruction von Seiten einer Minorität ist dem englischen Parlamente seit langem bekannt. [51]) Berühmt ist die Sitzung des Unterhauses vom 12. März 1771, in der die Minorität dreiundzwanzig Abstimmungen durchsetzte, um die Bestrafung der Drucker der Parlamentsdebatten zu verhindern. [52]) Erst 1881 wurde unter dem Eindrucke der Obstruction der Iren das Institut der Closure, des Schlusses der Debatte im Unterhause eingeführt. Diese irische Obstruction hat bekanntlich anderswo, so namentlich im böhmischen Landtage und im österreichischen Reichsrathe, Nachahmung gefunden, doch mangelt bisher jede sich über das Niveau tagespolitischer Erörterungen

---

[50]) p. 126, vgl. auch p. 94, 95.

[51]) Namentlich um die Majorität zu ermüden und dadurch einen Theil von ihr zu veranlassen, sich zu absentiren, wodurch sie selbst vorübergehend in die Minorität gedrängt werden kann.

[52]) May, *A treatise on the Law of Parliament*, 10. ed., London 1893, p. 323, n. 9.

erhebende Untersuchung dieses eigenthümlichen Kampfmittels parlamentarischer Minoritäten.

Eine derartige Obstruction kann auf zweierlei Weise geführt werden, durch gesetz- und geschäftsordnungsmässige oder durch gesetz- und geschäftsordnungswidrige Mittel. Die zweite Art ist ein Kampfesmittel der Minorität, das zwar durch den äussersten Nothstand politisch entschuldigt, aber nicht als eine dem Rechte entsprechende Form des Widerstandes erklärt werden kann. Anders aber steht es mit der ersten Art. Deren Berechtigung kann nicht leichthin mit dem Einwande geleugnet werden, dass es staatsrechtlich unzulässig sei, wenn eine Minderheit die ihr zustehenden Rechte missbrauche, um die Majorität in dem ihr gebührenden Beschlussrecht zu hemmen und damit den ganzen Gang der Gesetzgebung lahm zu legen. Alle Normen nämlich, welche die Befugnisse der obersten Staatsorgane festsetzen, haben eine doppelte Eigenschaft. Sie statuiren einmal wie alle Rechtssätze Rechte und Pflichten, und zwar stets solche, die im allgemeinen staatlichen Interesse gegeben sind. Sodann aber enthalten sie auch die Zuweisung von Machtmitteln an die betreffenden Organe, die sie in ihrem particularen Interesse verwenden können. Dieser zweite Charakter jener Normen ist rechtlich nicht messbar, er ist politischer, nicht juristischer Art. Was aber der rein formal verfahrende Jurist ignorirt, darf dem Auge des den Staat in der Gesammtheit seiner Beziehungen betrachtenden Politikers nicht entgehen. Der Jurist muss bei seinen Deductionen ausgehen von dem Gedanken des pflichtmässigen Handelns aller Staatsorgane im Gemeininteresse, ein Sonderinteresse eines Staatsorganes, das nicht zugleich Staatsinteresse ist, kann er mit seinen Mitteln nicht messen, ist daher aber auch nicht imstande, ein solches Handeln, so lange es nicht eine specielle Rechtsnorm geradezu übertritt, zu verurtheilen. In der Wirklichkeit des Staatslebens aber findet ein ununterbrochenes Ringen verschiedener Organe um Macht, Ansehen, Einfluss statt, das jener juristischen Idealnorm fortwährend widerspricht. Das Recht der Beamtenernennung, der freien administrativen Entscheidungen und Concessionen u. s. w. gewähren jeder Regierung politische Machtmittel, von denen sie, ohne irgend ein Gesetz zu verletzen, Gebrauch machen kann und stets Gebrauch macht. Ebenso bedeuten die parlamentarischen Rechte, wie vor allem das Budgetrecht, zugleich Machtmittel gegen die Regierung. In jedem constitutionellen Staate steht in den Beziehungen zwischen Regierung und Parlament nicht nur Recht gegen Recht, sondern auch Macht gegen Macht. Dasselbe gilt aber auch innerhalb des Organismus der Regierung von dem Verhältnisse des leitenden Staatsmannes zu der ihm unterstehenden Bureankratie, die eine Macht ist, mit der selbst ein mit oberster Befehlsgewalt Ausgestatteter zu rechnen hat.

Nicht anders aber ist die Stellung der parlamentarischen Minderheit zur Mehrheit. Ihre geschäftsordnungsmässigen Rechte sind auch Machtmittel. In einem aus fluctuirenden Parteien zusammengesetzten Parlamente, und diese sind ja die Regel, kommt das nicht oft zum Ausdruck, da jede Minderheit die Möglichkeit hat, zur Macht zu gelangen und selbst eine weitgehende augenblickliche Zurückdrängnng im Hinblicke auf die Zukunft ertragen kann. Anders aber in Parlamenten mit starren, zu dauernder Minorität verurtheilten Parteien. Wenn da die Majorität nicht Selbstbeschränkung übt und auf die gerechten Ansprüche der Minderheit billige Rücksicht nimmt, wenn sie selbst nur ihr Parteiinteresse rücksichtslos verfolgt, dann geht es nicht an, bei solcher Sachlage der Minorität jene allgemeine ideale Norm entgegenzuhalten und von ihr aus die Verwendung von Rechtsmitteln als Machtmittel zu verurtheilen. Solange nämlich eine formale Uebertretung einer speciellen Rechtsnorm durch Anwendung der der Minorität zustehenden Macht nicht begangen wird, lässt sich der politische Gebrauch rechtlicher Mittel juristisch ebensowenig rügen, wie die entsprechende Handlungsweise der Regierung.

Derartige Obstruction aber, wenn sie nicht nur gelegentlich oder vorübergehend, sondern systematisch geübt werden soll, ist nur ganz ausnahmsweise möglich. Sieht man nämlich auch ab von den Mitteln, die der Majorität zugebote stehen, die Geschäftsordnung schliesslich zu ändern, so ist eine Lahmlegung der Gesetzgebung auf die Dauer doch nur dann durchzuführen, wenn die Wählerschaft mit den Abgeordneten darüber einverstanden ist, und dies setzt voraus, dass es sich gegebenen Falles um die Vertheidigung eines alle anderen überragenden Lebensinteresses handelt. Wie jeder, wenn auch mit Anwendung legaler Machtmittel geführte Staatsconflict ist solche Obstruction stets ein Zeichen anomaler, ungesunder politischer Verhältnisse, die, wenn eine schliessliche Unterwerfung der Minorität nicht gelingt, nur durch Compromiss hinsichtlich der strittigen Punkte geändert werden können.

Ein anderes legales Machtmittel der Minorität, das theoretische Erörterung überhaupt nicht gefunden hat, ist die Abstinenz oder Secession. Sie ist namentlich dann von Bedeutung, wenn durch Abwesenheit der Minorität Beschlussunfähigkeit der Kammer eintritt. Da, wo eine grosse Zahl von Mitgliedern anwesend sein muss, damit ein verfassungsändernder Beschluss gefasst werde, kann die Secession einer kleinen Minderheit genügen, um die Aenderung unmöglich zu machen. Aber auch dauernde Secessionen sind, und zwar am häufigsten in Oesterreich, zu verzeichnen. Im Gegensatz zur Obstruction sind sie eine Form des passiven Widerstandes. Sie verhindern nicht, sofern nur Beschlussfähigkeit der Kammer möglich ist, das Zustandekommen legislatorischer Beschlüsse, aber sie schwächen deren moralisches Ansehen, was zwar nicht rechtlich, wohl aber politisch von grosser Bedeutung werden kann.

Ueberblickt man aber die legalen und illegalen, die Rechts- und Machtmittel, die einer Minderheit zugebote stehen und frägt sodann nach neuen Rechten, die ihr gewährt werden können, so ergibt sich, dass es unmöglich ist, einer

Minorität das Recht zuzugestehen, etwas positiv zu schaffen. Es wäre die verkehrte Welt, wollte man innerhalb einer Kammer oder einer Volksgemeinde das Votum der Minderheit höher werthen als der Mehrheit. Wohl aber kann sie sich und die ihrem Interesse dienenden objectiven Institutionen dadurch schützen, dass ihr die Macht gegeben ist, zu verhindern. Das Veto ist unter allen Umständen die einzige starke Waffe, die einer Minderheit in die Hand gedrückt werden kann; auch durch offene Auflehnung kann sie nur negative Wirkungen erzielen. Selbst da, wo nicht Parlaments-, sondern Monarchenwille die höchste und letzte Entscheidung im Staate hat, kann dieser Wille an den Mehrheitsbeschlüssen der Kammer nichts ändern, selbst er kann nicht schaffen, sondern nur hindern. Da aber mit jedem Rechte Macht verbunden ist, so kann ein solches Vetorecht auch als Mittel benützt werden, um von der Majorität positive Concessionen zu erlangen.

Die Minoritäten, denen derartige Rechte gegeben werden können, sind aber entweder rein ziffernmässig bestimmt, wie bei Verfassungsänderungen, oder ruhen auf einem dauernden, sie innerlich verbindenden Interesse, wie bei confessionellen oder nationalen Curien, so dass man unorganisirte und organisirte Minderheiten unterscheiden kann. Alles Nähere kann nur den concreten Verhältnissen des Einzelstaates angepasst sein. Wie gross und wie beschaffen die Minorität sein muss, um ein Vetorecht zu erhalten, in welchen Fällen und unter welchen Bedingungen sie es ausüben kann, das ist stets Sache individualisirter Erwägung und Entscheidung. Die hat aber stets auch die Bedürfnisse der Gesammtheit sorgfältig mit in Betracht zu ziehen, damit nicht jenes Vetorecht missbraucht werde, um eine gedeihliche Fortentwicklung aller staatlichen Verhältnisse zu hindern. Denn darin liegt die grosse Schwierigkeit aller Probleme der praktischen Politik, dass mit jedem Recht, das gewährt wird, auch gegen dessen möglichen Missbrauch Vorsorge getroffen werden muss.

IV.

Noch viel bedeutsamer als für die Gegenwart, und zwar nach allen Richtungen hin, nicht etwa nur für gesetzgebende Versammlungen, wird die Frage nach dem Rechte der Minoritäten einer fernen Zukunft erscheinen. Die moderne Gesellschaft befindet sich in einem immer weiter vorwärts schreitenden Process der Demokratisirung. Mag man nun diese Entwicklung mit Freude begrüssen oder fürchten, keine Macht der Welt ist imstande, diesen geschichtlichen Naturprocess dauernd zu hemmen. Hier schneller, dort in zögernder Weise gehen die Culturnationen der allgemeinen Nivellirung entgegen. Was die Geologen von den Bergen behaupten, dass sie im Laufe der Zeit zerbröckeln und ihre Höhen in die Niederungen sinken werden, das gilt auch für die Gesellschaft. Ferner breitet sich in der modernen Gesellschaft von der Wissenschaft vertreten und von den herrschenden Mächten mit sorgloser Bereitwilligkeit acceptirt eine zweite Tendenz immer mehr aus: die durch staatlichen Zwang zu garantirende collectivistische, auf dem Gedanken der möglichsten Solidarität der Einzelnen aufgebaute Richtung in der Gestaltung der menschlichen Verhältnisse. Immer grösser wird der Antheil bemessen, den das Individuum von seiner Selbständigkeit der Gesammtheit zwangsweise zum Opfer bringen soll, und als rückständig gilt derjenige, welcher der Gesammtheit ein Halt für dieses Bestreben im Namen und zur Vertheidigung des Rechtes des Individuums zuzurufen wagt.

Je weiter aber die Demokratisirung der Gesellschaft vorwärts schreitet, desto mehr dehnt sich auch die Herrschaft des Majoritätsprincips aus. Je mehr das Individuum durch den Gedanken der menschlichen Solidarität zurückgedrängt wird, desto weniger Schranken erkennt der herrschende Wille gegenüber dem Einzelnen an.

Das eröffnet aber die Aussicht in eine furchtbare Gefahr, die der gesammten Civilisation droht. Nichts kann rücksichts-

loser, grausamer, den primitivsten Rechten des Individuums
abholder, das Grosse und Wahre mehr hassend und verachtend
sein, als eine demokratische Mehrheit. Das ist nicht etwa ein
Lehrsatz, welcher einer der Umbildung der Gesellschaftsordnung
feindlichen Gesinnung entsprungen, vielmehr von Vorkämpfern
der modernen politischen Entwicklung anerkannt und häufig mit
beredten Worten geschildert worden ist. Nur ein der Wirklichkeit
gänzlich abgewendeter Mensch kann heute noch den Traum von
der Güte und Wahrheitsliebe der Massen träumen. Es müsste
auch mit wunderlichen Dingen zugehen, wenn die guten und
edlen Eigenschaften des Menschen, die wir ja beim Individuum
so selten finden, der Masse in grossem Umfange zukommen
sollten. Nun hat zu allen Zeiten jeder neue grosse Gedanke,
jede Idee, die später die Welt bewegt hat, sich mühsam und
gefahrvoll Bahn brechen müssen gegen den Widerstand der
herrschenden Gewalten. Dieser Widerstand ist aber hundert-
faltig grösser als anderswo in der demokratischen Gesellschaft.
In ihr herrscht nämlich mit viel grösserer Gewalt noch als der
von der Mehrheit geleitete Staat schrankenlos und unwider-
stehlich die öffentliche Meinung, die wiederum nichts anderes
ist als die Mehrheit, sociale Macht neben der politischen übend.
Was Tocqueville, der doch ein Vorkämpfer demokratischer
Ideen war, vor mehr als sechzig Jahren gelehrt hat, dass in
der Demokratie die öffentliche Meinung jede ihr widerstreitende
Ansicht schonungslos ersticke, dass viel grösserer Muth dazu
gehöre, der *vox populi* zu widersprechen, als dem Gebote des
Fürsten[**]), das hat die neueste Geschichte der Demokratie oft
genug bestätigt. Ich bin allerdings lange nicht so pessimistisch

---

[**]) *De la démocratie en Amérique*, I. II, ch. VII: Am schärfsten zeichnet
er in diesem den Gefahren der unumschränkten Mehrheitsherrschaft gewidmeten
Capitel den geistigen Druck, den die Majorität ausübt. Nicht anders aber
schildert heute Bryce den Einfluss der durch die Mehrheit gebildeten öffentlichen Meinung; vgl. namentlich a. a. O. II, ch. LXXXIV, *The fatalism of the
multitude* und das folgende: *The tyranny of the majority*.

wie jener berühmte Wortführer des Liberalismus, der befürchtete, mit dem definitiven Siege der Demokratie und der mit ihr zur unbeschränkten Herrschaft gelangenden öffentlichen Meinung müsse ein Volk chinesischer Erstarrung entgegen gehen**), weil jeder Fortschritt schliesslich von der Trägheit der Massen, durch den ungeheuren Druck, den sie ausüben, werde niedergehalten werden. Aber die Gefahr für die freie Entwicklung der Individualität und der Minoritäten, die ja, wie wir sahen, eng miteinander verbunden sind, ist dennoch gross genug und erscheint umso grösser, wenn man bedenkt, dass aller Fortschritt in der Geschichte seinem Ursprunge nach das Werk von Minoritäten gewesen ist. Doch sind bereits Anzeichen dafür vorhanden, dass in vielen besseren Naturen im Gegensatz zu den herrschenden Strömungen sich etwas regt, das ich als trotziges Minoritätsgefühl bezeichnen möchte. Jene neuen Lehren vom Uebermenschen und der Herrenmoral bis in die Verirrungen der anarchistischen Theorien hinein sind nur aus einer Zeit heraus zu verstehen, die bestrebt ist, das schonungslose Recht der Mehrheit zu proclamiren. In all diesen Lehren ruht als wichtiger Kern der Gedanke, dass Anerkennung einer staats- und gesellschaftsfreien Sphäre des Individuums, innerhalb deren es keinem Mehrheitswillen sich zu unterwerfen hat, ein **sociales** Interesse ersten Ranges ist. Collectivismus und Individualismus sind keine ausschliessenden Gegensätze, wenn man erkannt hat, dass das Collectivum durch völlige **zwangsweise** Unterwerfung des Individuums unter die Gesammtheit in der Erreichung höherer Ziele für immer gehemmt ist. Die schöpferischen socialen Thaten sind stets freie Thaten des Indi-

**) *The modern regime of public opinion is, in an unorganized form, what the Chinese educational and political system are in an organized, and unless individuality shall be able successfully to assert itself against this yoke, Europe notwithstanding its noble antecedents and its professed Christianity will tend to become an other China. J. St. Mill, On liberty. People ed. p. 42.*

vidnums gewesen. während der gesellschaftliche Zwang, in welcher Form immer geübt, nur regulirend, niemals schaffend wirken kann.

Mit dieser Erkenntniss aber ist der Zukunft eine gewaltige Aufgabe gestellt. Der ewige Kampf zwischen Imperium und Libertas wird auch in der demokratischen Gesellschaft der kommenden Jahrhunderte gekämpft werden. Die Dämme, welche heute einem übermächtigen Majoritätswillen noch entgegenstehen, werden vielleicht niedergerissen werden. Dann wird aber eine grosse Krise für die civilisirte Menschheit gekommen sein. Wie sie gelöst werden wird, darüber kann, wie über alle Zukunft, kein Wissen, sondern nur ein Glauben entscheiden. Hoffen und glauben wir, dass die Gesellschaft schliesslich das finden und verwirklichen werde, was allein imstande ist, sie vor öder geistiger und sittlicher Verflachung und Versumpfung zu bewahren:

Die Anerkennung von Rechten der Minoritäten.